A Vida de Jesus

SBN EDITORA

NASCIMENTO DE JESUS

VIVIA EM NAZARÉ, UMA PEQUENA CIDADE DA GALILÉIA, UMA JOVEM VIRGEM E PURA CHAMADA MARIA. ELA ESTAVA NOIVA DE JOSÉ.

UM DIA, QUANDO ELA SE ENCONTRAVA SOZINHA, FAZENDO SUAS ORAÇÕES, O ANJO GABRIEL APARECEU E DISSE:

-ALEGRE-SE, MARIA! O SENHOR ESCOLHEU VOCÊ!

MARIA, ASSUSTADA, PROCURAVA COMPREENDER AS PALAVRAS DO ANJO.

-NÃO TENHA MEDO, MARIA, PORQUE DEUS RESOLVEU ABENÇOÁ-LA GRANDEMENTE. VOCÊ TERÁ UM FILHO A QUEM CHAMARÁ DE JESUS. ELE SERÁ FILHO DO ALTÍSSIMO E REINARÁ PARA SEMPRE.

- COMO ISSO SERÁ POSSÍVEL?
NÃO SOU CASADA AINDA! DISSE MARIA.
-PELO PODER E OBRA DO ESPÍRITO SANTO
VOCÊ CONCEBERÁ. SEU FILHO
SERÁ CHAMADO “O FILHO DE DEUS”.
DISSE ENTÃO MARIA:
-EIS AQUI A SERVA DO SENHOR,
CUMPRA-SE EM MIM A VONTADE DE DEUS.

E ACONTECEU, TEMPOS DEPOIS, QUE O IMPERADOR CESAR AUGUSTO DECRETOU UM RECENSEAMENTO. CADA PESSOA DEVERIA SE REGISTRAR NA CIDADE ONDE HAVIA NASCIDO.

JOSÉ E MARIA ERAM DE BELÉM,
A CIDADE DO REI DAVI,
E PARA LÁ PARTIRAM.
MARIA ESTAVA GRÁVIDA.
A VIAGEM ERA LONGA
E CANSATIVA.

AO CHEGAREM A BELÉM, PROCURARAM EM VÃO UM LUGAR NAS HOSPEDARIAS. ENCONTRARAM LUGAR SOMENTE EM UMA ESTREBARIA, NO MEIO DOS ANIMAIS. E ALI NASCEU O MENINO, QUE A MÃE DOCEMENTE ENVOLVEU EM PANOS E COLOCOU PARA DORMIR NA MANJEDOURA.

ALGUNS PASTORES ESTAVAM NO CAMPO, NOS ARREDORES DA CIDADE, VIGIANDO SEUS REBANHOS. ERA NOITE. DE REPENTE, VIRAM NO CÉU UMA INTENSA LUZ, E A GLÓRIA DE DEUS ILUMINOU TUDO AO REDOR.
O ANJO DO SENHOR APARECEU.
OS PASTORES FICARAM ASSUSTADOS.
MAS O ANJO DISSE A ELES: -NÃO TENHAM MEDO. VENHO ANUNCIAR UMA GRANDE ALEGRIA PARA TODOS.
HOJE, EM BELÉM, NASCEU O SALVADOR.
ELE É JESUS CRISTO, O SENHOR.
VOCÊS O ENCONTRARÃO; É UM BEBÊ ENVOLTO EM PANOS, DEITADO EM UMA MANJEDOURA.

E, NO MESMO INSTANTE, UMA MULTIDÃO
DE ANJOS APARECEU NO CÉU LOUVANDO
A DEUS E DIZENDO:
-GLÓRIA A DEUS NAS ALTURAS
E PAZ NA TERRA AOS HOMENS A QUEM ELE AMA.

QUANDO OS ANJOS FORAM EMBORA,
OS PASTORES CORRERAM ATÉ BELÉM.
ENCONTRARAM MARIA, JOSÉ, E O MENINO
DEITADO NUMA MANJEDOURA. CONTARAM A
TODOS SOBRE O QUE OS ANJOS DISSERAM E
SOBRE O BEBÊ JESUS.
AS PESSOAS QUE OUVIAM A HISTÓRIA
FICAVAM MARAVILHADAS.

TRÊS MAGOS QUE VIVIAM NO ORIENTE VIRAM NO CÉU UMA ESTRELA DIFERENTE, DE GRANDE ESPLENDOR. ERA O SINAL QUE ELES AGUARDAVAM HÁ MUITO TEMPO: O SALVADOR HAVIA NASCIDO. SEGUINDO NA DIREÇÃO DA ESTRELA, SAÍRAM DE SEU PAÍS E CHEGARAM A JERUSALÉM.

- ONDE ESTÁ AQUELE QUE NASCEU, O REI DOS JUDEUS? PERGUNTARAM OS MAGOS -VIMOS A SUA ESTRELA NO ORIENTE E VIEMOS ADORÁ-LO.

O REI HERODES FICOU PREOCUPADO QUANDO OUVIU O QUE OS MAGOS DISSERAM. CHAMOU EM SEGREDO OS MAGOS E PEDIU:

-PROCUREM O MENINO ATÉ ACHÁ-LO, E ENTÃO MANDEM-ME AVISAR, PARA QUE EU POSSA ADORÁ-LO TAMBÉM.

OS MAGOS PARTIRAM, SEMPRE DIRIGIDOS PELA ESTRELA, ATÉ QUE, CHEGANDO SOBRE O LUGAR EM QUE ESTAVA O MENINO, A ESTRELA PAROU. ELES ENTRARAM, SE AJOELHARAM E ADORARAM O MENINO. LEVARAM-LHE PRESENTES: OURO, INCENSO E MIRRA.

DEUS AVISOU OS MAGOS EM SONHOS PARA NÃO VOLTAREM A PROCURAR HERODES, E ELES PARTIRAM PARA A SUA TERRA POR OUTRO CAMINHO.

ASSIM QUE OS MAGOS SE FORAM,
UM ANJO APARECEU A JOSÉ EM SONHO, DIZENDO:
-LEVANTE-SE, PEGUE O MENINO E A MÃE E FUJAM
PARA O EGITO. FIQUEM POR LÁ ATÉ QUE EU AVISE A
HORA DE VOLTAR; PORQUE HERODES VAI PROCURAR
O MENINO PARA MATÁ-LO.

JOSÉ SE LEVANTOU E PEGOU JESUS E MARIA. MESMO SENDO NOITE, FORAM PARA O EGITO, ONDE PERMANECERAM ATÉ A MORTE DE HERODES. DE VOLTA A NAZARÉ, O MENINO JESUS CRESCIA. E A GRAÇA DE DEUS ESTAVA COM ELE.

PARÁBOLAS DE JESUS

JESUS PREGAVA EM TODOS OS LUGARES POR ONDE PASSAVA:
NAS CASAS, NOS MONTES, NAS PRAÇAS, SINAGOGAS, PRAIAS.
SEUS ENSINAMENTOS ERAM OUVIDOS POR UMA MULTIDÃO
QUE O SEGUIA
AONDE QUER QUE FOSSE. TODOS
ADMIRAVAM SUA SABEDORIA.
JESUS ENSINAVA POR MEIO
DE HISTÓRIAS:
AS CHAMADAS PARÁBOLAS.
ELE ASSIM ENSINAVA:

PARÁBOLA DA SEMENTE DE MOSTARDA

- O REINO DE DEUS É COMO O GRÃO DE MOSTARDA, A MENOR DE TODAS AS SEMENTES; MAS, PLANTADA, CRESCE E SE TORNA A MAIOR DE TODAS AS HORTALIÇAS E EM SEUS RAMOS SE ANINHAM AS AVES DO CÉU.

PARÁBOLA DO SEMEADOR

- O SEMEADOR SAIU A SEMEAR. E QUANDO SEMEAVA, UMA PARTE CAIU À BEIRA DO CAMINHO E VIERAM AS AVES E A COMERAM.

OUTRA PARTE CAIU ENTRE AS PEDRAS, ONDE LOGO BROTOU, PORQUE A TERRA NÃO ERA FUNDA. MAS VINDO O SOL, QUEIMOU-SE E SECOU COMPLETAMENTE, PORQUE NÃO TINHA RAIZ.

OUTRA CAIU ENTRE ESPINHOS, E OS ESPINHOS
CRESCERAM E SUFOCARAM A SEMENTE.
OUTRA CAIU EM BOA TERRA E DEU FRUTOS.

A SEMENTE QUE CAIU À BEIRA DO CAMINHO REPRESENTA A PESSOA QUE OUVE A PALAVRA DE DEUS E NÃO A COMPREENDE; ENTÃO VEM O MAL E ARRANCA O QUE FOI SEMEADO NO CORAÇÃO.

A QUE FOI SEMEADA ENTRE AS PEDRAS É COMO A PESSOA QUE OUVE A PALAVRA E A RECEBE COM ALEGRIA, MAS SUA FÉ NÃO TEM RESISTÊNCIA E, VINDO AS DIFICULDADES E PERSEGUIÇÕES, DESANIMA.

A QUE FOI SEMEADA ENTRE ESPINHOS É COMO A PESSOA QUE OUVE A PALAVRA, MAS AS RIQUEZAS, A VAIDADE E AS PREOCUPAÇÕES COM ESTA VIDA A IMPEDEM DE FRUTIFICAR.

MAS A SEMENTE QUE CAIU EM BOA TERRA É COMO A PESSOA QUE OUVE, COMPREENDE A PALAVRA E A PRATICA. ESSA DÁ BONS FRUTOS.

PARÁBOLA DA OVELHA PERDIDA

- UM PASTOR TEM 100 OVELHAS E PERDE 1 DELAS.
O QUE ELE FAZ? ELE DEIXA AS 99 E VAI PROCURAR A
OVELHA PERDIDA ATÉ ENCONTRÁ-LA.
E ACHANDO-A, FICA MUITO CONTENTE, COLOCA-A NOS
OMBROS E A LEVA PARA CASA.

E, CHEGANDO, REÚNE AMIGOS E VIZINHOS E DIZ:
-ALEGREM-SE COMIGO, POIS ACHEI A MINHA OVELHA PERDIDA.
ASSIM TAMBÉM HAVERÁ MAIS ALEGRIA NO CÉU POR UM PECADOR QUE SE ARREPENDE DO QUE POR 99 JUSTOS QUE NÃO PRECISAM SE ARREPENDER.

PARÁBOLA DO FILHO PRÓDIGO

UM HOMEM TINHA DOIS FILHOS. O FILHO MAIS NOVO CHEGOU PARA O PAI E DISSE:
-PAI, DÊ-ME A MINHA PARTE DA HERANÇA.

E O PAI DEU.
E POUCOS DIAS DEPOIS, O FILHO MAIS NOVO PEGOU TUDO QUE TINHA, PARTIU PARA UM LUGAR DISTANTE E LÁ GASTOU TODA A SUA HERANÇA VIVENDO DO JEITO QUE QUERIA, SÓ EM FESTAS E COM PESSOAS SEM JUÍZO.

E TENDO GASTADO TUDO, HOUVE NAQUELA TERRA UMA GRANDE FOME E ELE COMEÇOU A PADECER NECESSIDADE.
CONSEGUIU UMA OCUPAÇÃO: CUIDAR DE PORCOS. ELE SENTIA MUITA FOME E DESEJAVA COMER ATÉ A COMIDA DOS PORCOS, MAS NINGUÉM LHE DAVA NADA. ENTÃO PENSOU: “QUANTOS EMPREGADOS DE MEU PAI TÊM FARTURA E EU AQUI MORRENDO DE FOME.” E ASSIM DECIDIU VOLTAR PARA CASA.

QUANDO AINDA ESTAVA LONGE,
NA ESTRADA, SEU PAI O VIU.
AQUELE HOMEM AMAVA SEU FILHO DE TODO O CORAÇÃO. CORREU AO ENCONTRO DO FILHO, ABRAÇOU-O E O BEIJOU.
E O FILHO DISSE: -PAI, EU ERREI, JÁ NÃO SOU DIGNO DE SER CHAMADO SEU FILHO, FAÇA DE MIM UM DE SEUS EMPREGADOS.

MAS O PAI DISSE AOS SEUS EMPREGADOS:
-TRAGAM AS MELHORES ROUPAS E VISTAM MEU FILHO, COLOQUEM UM ANEL EM SEU DEDO E SANDÁLIAS EM SEUS PÉS. QUERO TAMBÉM O BEZERRO MAIS GORDO PARA COMER E ME ALEGRAR COM MEU FILHO.VAMOS FAZER UMA GRANDE FESTA. MEU FILHO ESTAVA MORTO E AGORA VIVE.
ESTAVA PERDIDO E AGORA FOI ACHADO.
ASSIM É DEUS: COMO UM PAI AMOROSO QUE RECEBE COM ALEGRIA O SEU FILHO QUANDO VOLTA.

MILAGRES DE JESUS

JESUS PERCORRIA TODA A GALILÉIA.
ENSINAVA, PREGAVA O
EVANGELHO DO REINO DE DEUS,
CURAVA AS ENFERMIDADES
E REALIZAVA MILAGRES.

MILAGRE DA MULTIPLICAÇÃO

JESUS VIU UMA GRANDE MULTIDÃO À SUA VOLTA. MOVIDO DE PROFUNDA COMPAIXÃO, CUROU OS ENFERMOS QUE ALI ESTAVAM.

NO FINAL DO DIA, OS DISCÍPULOS DISSERAM A JESUS:
-JÁ É TARDE, DESPEÇA A MULTIDÃO, MESTRE, PARA QUE
POSSAM COMPRAR ALGUM ALIMENTO PELAS ALDEIAS.
JESUS DISSE: -ELES NÃO PRECISAM IR EMBORA,
DÊEM-LHES ALGUMA COISA PARA COMER.

ENTÃO OS DISCÍPULOS DISSERAM: -TEMOS AQUI SOMENTE CINCO PÃES E DOIS PEIXES.
JESUS, TOMANDO OS PÃES E OS PEIXES, OROU, ABENÇOOU-OS E OS REPARTIU.
PEDIU QUE TODOS SE ASSENTASSEM NA RELVA E ENTREGOU-OS PARA OS DISCÍPULOS DISTRIBUÍREM O ALIMENTO.
TODOS SE FARTARAM.

JESUS ENTÃO FALOU: -RECOLHAM TUDO O QUE SOBROU.
OS DISCÍPULOS ENCHERAM DOZE CESTOS COM SOBRAS DE PÃES E PEIXES.
O NÚMERO DOS QUE COMERAM FOI DE 5 MIL HOMENS, FORA AS MULHERES E CRIANÇAS.

JESUS RESSUSCITA LÁZARO

LÁZARO ERA AMIGO DE JESUS.
MARTA E MARIA ERAM IRMÃS DE LÁZARO.
UM DIA, LÁZARO FICOU MUITO DOENTE E MARIA ENVIOU UMA MENSAGEM PARA JESUS, PEDINDO QUE ELE VIESSE.

QUANDO JESUS CHEGOU, LÁZARO JÁ ESTAVA
MORTO E SEPULTADO FAZIA 4 DIAS.
MARTA CORREU PARA JESUS E DISSE:
-SENHOR, SE VOCÊ ESTIVESSE AQUI, MEU IRMÃO
NÃO TERIA MORRIDO.
DISSE JESUS: -SEU IRMÃO HÁ DE RESSUSCITAR,
TENHA FÉ! EU SOU A RESSURREIÇÃO E A VIDA,
AQUELE QUE CRÊ EM MIM,
AINDA QUE ESTEJA MORTO, VIVERÁ!

JESUS FOI ATÉ ONDE LÁZARO ESTAVA. UMA ENORME PEDRA TAMPAVA A ENTRADA.
JESUS ORDENOU: -TIREM A PEDRA.

ASSIM QUE A RETIRARAM, JESUS APROXIMOU-SE, OROU A DEUS
E FALOU EM ALTA VOZ:
-LÁZARO, VENHA PARA FORA!
E NO MESMO INSTANTE O JOVEM REVIVEU
E SAIU DO SEPULCRO. TODOS SE MARAVILHARAM.

JESUS ACALMA A TEMPESTADE

JESUS E SEUS DISCÍPULOS ENTRARAM NUM BARCO
PARA ATRAVESSAR O MAR DA GALILÉIA.
E, ENQUANTO NAVEGAVAM, JESUS DORMIA.VEIO SOBRE
ELES UMA VIOLENTA TEMPESTADE
E AS ÁGUAS ENCHIAM O BARCO. ESTAVAM EM PERIGO.

DESPERTARAM JESUS, DIZENDO:
-MESTRE, VAMOS MORRER!
JESUS LEVANTOU-SE, REPREENDEU O VENTO E ORDENOU QUE AS ÁGUAS SE AQUIETASSEM. LOGO TUDO SE ACALMOU.

OS DISCÍPULOS FICARAM ADMIRADOS:
-ATÉ OS VENTOS E O MAR LHE OBEDECEM!!!
- COMENTARAM ENTRE ELES.

JESUS CURA O CRIADO DO OFICIAL

JESUS ESTAVA NA CIDADE DE CAFARNAUM QUANDO
UM OFICIAL ROMANO APROXIMOU-SE E PEDIU:
-SENHOR, MEU CRIADO ESTÁ EM CASA, MUITO DOENTE.

JESUS DISSE: -EU IREI E LHE DAREI SAÚDE.
O OFICIAL RESPONDEU: -NÃO SOU DIGNO DE QUE ENTRE EM MINHA CASA, SENHOR,
MAS DIGA SOMENTE UMA PALAVRA E O MEU CRIADO SARARÁ.
JESUS ADMIROU-SE DA FÉ DAQUELE HOMEM E FALOU:
-NEM MESMO EM ISRAEL ENCONTREI TANTA FÉ.

E DIRIGINDO-SE AO OFICIAL, DECLAROU:
-VÁ E SEJA CONFORME A SUA FÉ.
NAQUELE MOMENTO O SEU CRIADO SAROU.

ESTES E MUITOS OUTROS MILAGRES JESUS REALIZOU PARA DEMONSTRAR O SEU PODER E O SEU AMOR POR TODOS NÓS.

RESSURREIÇÃO DE JESUS

APROXIMAVA-SE A ÉPOCA DA PÁSCOA. MUITOS JUDEUS IAM A JERUSALÉM NESSA OCASIÃO. JESUS ENTROU NA CIDADE E FOI SAUDADO POR UMA GRANDE MULTIDÃO QUE ACENAVA COM GALHOS DE PALMAS. ELES CLAMAVAM:

-HOSANA NAS ALTURAS! BENDITO O QUE VEM EM NOME DO SENHOR!

JESUS FOI
PARA O TEMPLO
E LÁ ENCONTROU
PESSOAS QUE FAZIAM COMÉRCIO
E ENGANAVAM O POVO. JESUS
DERRUBOU AS MESAS DOS COMERCIANTES
E OS EXPULSOU, DIZENDO: -ESTÁ ESCRITO: A MINHA
CASA SERÁ CHAMADA CASA DE ORAÇÃO.
NAQUELES DIAS, JESUS REUNIU-SE COM SEUS
DISCÍPULOS PARA A CEIA DA PÁSCOA. AO SENTAREM-SE À
MESA, DISPUTAVAM ENTRE SI QUEM SERIA O MAIOR.

ANTES DE COMEREM, JESUS APANHOU UMA BACIA COM ÁGUA E, CINGINDO A CINTURA COM UMA TOALHA, LAVOU OS PÉS DE CADA UM DOS SEUS DISCÍPULOS. COM ESTE GESTO, ELE QUIS ENSINAR QUE EM PRIMEIRO LUGAR DEVEMOS SER HUMILDES.

LOGO EM SEGUIDA, JESUS SENTOU-SE À MESA, ABENÇOOU O PÃO E, PARTINDO-O, DISTRIBUIU-O ENTRE OS DISCÍPULOS. TOMOU TAMBÉM UM CÁLICE DE VINHO, ABENÇOOU-O E DEU-O AOS DISCÍPULOS PARA BEBEREM.

JESUS DISSE: -FAÇAM ASSIM PARA LEMBRAR DE MIM QUANDO EU NÃO ESTIVER MAIS AQUI.

APÓS A CEIA, JESUS
E OS DISCÍPULOS
FORAM AO GETSÊMANI,
(TAMBÉM CHAMADO
MONTE DAS OLIVEIRAS), PARA ORAR.
JESUS AFASTOU-SE UM POUCO,
SUBIU O MONTE E, DE JOELHOS, OROU
A DEUS. ELE SABIA DO SOFRIMENTO QUE IRIA
PASSAR, DA DOR, DA SUA MORTE E, EM PROFUNDA
AGONIA, SUPLICAVA: -PAI, SE NÃO FOR POSSÍVEL
AFASTAR DE MIM ESTE CÁLICE DE SOFRIMENTOS,
NÃO SE FAÇA A MINHA, MAS A SUA VONTADE.

MOMENTOS DEPOIS, ELE ESTAVA COM SEUS DISCÍPULOS, QUANDO CHEGOU JUDAS (QUE O TRAIU POR TRINTA MOEDAS DE PRATA), LEVANDO OS SOLDADOS AO GETSÊMANI PARA PRENDÊ-LO. JESUS FOI LEVADO AO SINÉDRIO. OS LÍDERES JUDEUS QUERIAM SE LIVRAR DE JESUS, PORQUE ELE DIZIA QUE ERA O FILHO DE DEUS.

FOI JULGADO, DECLARADO CULPADO E ENVIADO PARA O GOVERNADOR PÔNCIO PILATOS PARA RECEBER A SENTENÇA. PILATOS ORDENOU A MORTE DE JESUS. ELE SERIA CRUCIFICADO.

JESUS CARREGOU A SUA CRUZ PELAS RUAS
DE JERUSALÉM ATÉ O GÓLGOTA, QUE FICAVA FORA DA CIDADE.
LÁ ELE FOI CRUCIFICADO NO MEIO DE DOIS LADRÕES.

FOI COLOCADO EM UM SEPULCRO. UMA GRANDE PEDRA FECHOU A ENTRADA DO TÚMULO. GUARDAS VIGIARAM DIA E NOITE.

CHEGANDO A MANHÃ DO TERCEIRO DIA APÓS A MORTE DE JESUS, HOUVE UM GRANDE TERREMOTO, PORQUE O ANJO DO SENHOR DESCEU DO CÉU, REMOVEU A PEDRA E ASSENTOU-SE SOBRE ELA. JESUS RESSUSCITOU!!! OS GUARDAS FUGIRAM APAVORADOS.

MARIA MADALENA
E OUTRA MARIA
FORAM VER O SEPULCRO, E
O ANJO ENTÃO LHES DISSE:
-JESUS NÃO ESTÁ MAIS AQUI, ELE RESSUSCITOU.
ELAS CORRERAM PARA CONTAR A BOA NOVA A TODOS.

DIAS DEPOIS, ESTAVAM OS DISCÍPULOS REUNIDOS, QUANDO JESUS APARECEU E DISSE:
- A PAZ ESTEJA COM VOCÊS!

MOSTROU OS SINAIS NAS MÃOS
E NOS PÉS, PARA QUE OS DISCÍPULOS ACREDITASSEM
QUE ERA ELE MESMO. JESUS EXPLICOU O PORQUÊ
DE SUA MORTE E DE SUA RESSURREIÇÃO E DEPOIS ORDENOU:
- VÃO E PREGUEM PARA TODOS ESTE EVANGELHO.

DEPOIS DE SUA RESSURREIÇÃO, JESUS FICOU COM ELES POR MAIS 40 DIAS.

PASSADOS ESSES DIAS, ELE OS LEVOU PARA O ALTO DE UMA MONTANHA FORA DE JERUSALÉM E, ERGUENDO AS MÃOS, OS ABENÇOOU. OS DISCÍPULOS VIRAM JESUS SER ELEVADO AOS CÉUS E O OUVIRAM DIZER: - EIS QUE ESTAREI COM VOCÊS TODOS OS DIAS, ATÉ A CONSUMAÇÃO DOS SÉCULOS.